DERIOL Géraldine

Des rêves
par
milliers

Des rêves

par

milliers

A vous Thomas, Rémi, Mathieu, Clément
mes enfants trésors de vie

A toi mon petit ange

A mes parents

A Marie

A ma famille

A vous !

A la vie

« La différence entre le possible
et l'impossible
Réside dans la détermination
qui sommeille en toi »

Gandhi

« Fais de ta vie un rêve
et d'un rêve une réalité »

Antoine de Saint-Exupéry

Merci !

Merci à vous qui depuis plus de 40 ans parsemez ma vie d'Amour, de vie et d'espoir ; ce livre, je vous le dédie. Il est cette infinie soif de croire que tout est possible, mais surtout que rien n'est impossible.

Alors merci à vous mes chers parents. Vous êtes mes racines d'amour infini et mes ailes de confiance éternelles. Je vous aime tant.

Merci à vous grands-parents, oncles et tantes, cousins et cousines pour cette affection sans faille quelques soient les distances.

Merci à toi Marie, pour ta précieuse présence, cadeau de vie.

Merci à vous Marie, Gabrielle, Jean-Marie, Éric, Anne-Marie, Michel, pour cet arc-en-ciel d'espoir transmis au seuil d'une belle reconstruction humaine.

Merci à vous deux, Aurélie et Laetitia, pour ces illustrations qui me touchent profondément. Votre présence sur chaque projet littéraire est un véritable honneur et un cadeau inestimable.

Merci à Véronique pour sa relecture précieuse et son accueil si bienveillant.

Merci à Lou Vernet de m'avoir fait découvrir la magie de l'écriture.

Je garde une nouvelle fois, le merci final pour vous Thomas, Rémi, Mathieu, Clément et notre petite étoile Amandine. Que ce livre puisse vous accompagner sur ce beau chemin de vie que vous construisez jour après jour. Soyez toujours convaincus que rien ne vous sera impossible, même dans les moments plus difficiles. La vie est faite de multiples signes de vie, d'espoir et d'amour. Restez éternellement unis et solidaires, ensemble tous les 4. La vie est une magnifique aventure à savourer.

Préface

Géraldine, pour la seconde fois, me fait l'honneur de me confier son ouvrage « Des rêves par milliers ».

Depuis la parution de son 1er livre « Née pour vivre » et mon admiration profonde pour sa force incroyable de résilience, Géraldine poursuit sa route toujours avec beaucoup d'enthousiasme et une énergie constante positive.

Dans ce nouvel ouvrage, en effet, elle aime faire partager tout ce qui lui tient profondément à cœur.

A travers toutes ces maximes et citations spirituelles diverses et variées, pleines de générosité, de sagesse et de buts à atteindre (parfois il faudra une vie !), elle nous parle de l'essentiel, du courage de vivre et ce que cela représente pour elle.

J'ai eu beaucoup de plaisir et de joie à parcourir ce livre.

Toutes ces bulles d'amour, de réconfort, toutes ces paroles bienveillantes qu'elle a glanées au fil des ans sont comme une merveilleuse malle aux trésors. Il suffit chaque jour d'ouvrir ce coffre et d'y découvrir une pépite pour la journée… et de la déguster !

Merci à toi Géraldine, merci pour ce que tu es ! Pour cet ouvrage si fécond de citations touchantes.

Quel chemin parcourus dont je suis si fière !

Merci pour tous ces rêves porteurs d'espérance dont le monde a tant besoin.

Je te renouvelle toute ma profonde amitié et souhaite de réaliser un de ces rêves (ou plusieurs).

Marie
23/11/2023

Ne perds
jamais
tes rêves,

ils seront moteur
de ton
existence,

ils formeront
le goût
et l'odeur
de tes matins.

Marc Lévy

Que rien
ne nous limite.

Que rien
ne nous retienne.

Que la liberté
soit
notre essence.

Simone de Beauvoir

Chaque fois qu'on pose
un acte

de tendresse,

d'affection,

d'amour

on modifie
un tout petit peu
l'avenir de l'humanité
dans le bon sens.

Christophe André

Le bonheur,

c'est tenir quelqu'un
dans vos bras

et savoir

que vous tenez

le monde entier.

Orhan Pamuk

Sois tellement heureux

que quand les autres

te regardent

ils deviennent

Heureux

à leur tour !

En te levant le matin,

rappelle-toi combien

est le privilège

de vivre,

de respirer,

d'être heureux.

Marc Aurèle

Le sens de la vie
est de trouver
ses dons.
Le but de la vie
est d'en faire don
aux autres.

Pablo Picasso

L'HOMME LIBRE POSSÈDE LE TEMPS.

Sylvain Tesson

Apprends à
apprécier la vie
chaque matin,
dès ton réveil.

Considère
chaque journée nouvelle
comme un **miracle**
et **la joie**
te sera donnée.

Daggo Rinpotché

OSE DEVENIR
CE QUE TU ES.

Ne tiens pas quitte
à bon compte.

Il y a d'admirables possibilités
dans chaque être.

PERSUADE-TOI DE TA FORCE
ET DE TA JEUNESSE.

Sache te redire sans cesse :

« IL NE TIENT QU'À MOI. »

André Gide

Le bonheur
n'est pas la réalisation
des vœux,
ni la réalisation
des attentes.

*Le bonheur,
c'est Être !*

La différence
entre le POSSIBLE
et l'impossible
réside dans la
DÉTERMINATION
qui sommeille en toi.

Tommy Lasorda

Je t'aime parce que
tout l'univers a conspiré
à me faire arriver jusqu'à toi.

Paulo Coelho

PRENEZ LE TEMPS D'AIMER

ET

D'ÊTRE AIMÉ.

C'EST UN PRIVILÈGE

DONNÉ PAR LA VIE.

Jacques Salomé

Le travail à faire est de rendre visible l'amour.

Khalil Gibran

Une chose importante

à garder en tête

est qu'il ne faut jamais

attendre une minute

pour commencer

à changer le monde.

Anne Frank

COMMENCE LÀ OÙ TU ES.

UTILISE CE QUE TU AS.

FAIS CE QUE TU PEUX.

PARCE QUE TU ES EN VIE,

TOUT EST POSSIBLE.

Thich Nhat Hanh

Ce que j'ai aimé
le plus au monde,
je crois que c'était
la vie.

Jean d'Ormesson

*Vivre
est si renversant*
que cela
laisse peu de place
aux autres
occupations.

Emilie Dickinson

Si vous saviez
tous les cadeaux
que vous apportez
aux autres.

Vous ne vous
sentiriez
jamais triste.

Neale Donald Walsh

Le bonheur
existe.

Il est
dans
l'amour.

Michèle Morgan

Je vous souhaite
des RÊVES à n'en plus finir
et l'envie furieuse
d'en RÉALISER quelques-uns.

Je vous souhaite
d'AIMER ce qu'il faut aimer
et d'OUBLIER ce qu'il faut oublier.

Je vous souhaite des SILENCES.

Je vous souhaite
des CHANTS D'OISEAUX au réveil
et des RIRES D'ENFANTS.

Je vous souhaite de RÉSISTER
à l'enlisement, à l'indifférence,
aux vertus négatives
de notre époque.
Je vous souhaite surtout
D'ÊTRE VOUS.

Jacques Brel

Apprenez à être calme,

très calme

et laissez la vie

suivre son cours.

Ce calme se transformera

alors en bonheur.

Morgan Freeman

Ne rappelez pas au monde
qu'il est malade
et troublé.

Rappelez-lui
qu'il est
Beau
et libre.

Mooji

Donne à CHAQUE JOUR

LA CHANCE DE DEVENIR

LE PLUS BEAU JOUR

DE TA VIE.

Mark Twain

Efforcez-vous
d'obtenir

TOUT LE BONHEUR
POSSIBLE

de ce que vous faites
à l'instant présent,
sans remettre à plus tard

LE MOMENT
D'ÊTRE HEUREUX.

Dale Carnegie

Le PARTAGE
est une
NOURRITURE
qui fait
RENAÎTRE
l'ESPÉRANCE.

Jean Vanier

Mais si
le but poursuivi
était non
de rester vivant,

*mais de rester
humain.*

George Orwell

Soyez vous-même,

les autres

sont déjà pris.

Oscar Wilde

Ce que vous espérez
vous respire,
ce que vous recherchez
vous attend.

Tout est là.

Ce ne sera jamais
ailleurs,
ni demain.

Tout est présent.

Tout est maintenant.

Domiji

Aimer la vie,

c'est porter en soi

la joie de vivre

et la faire rayonner

autour de soi.

Jean Gastaldi

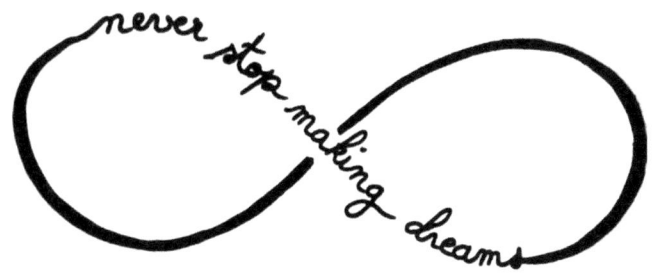

LES DIFFÉRENCES
NE SONT PAS CENSÉES SÉPARER,
ALIÉNER.

NOUS SOMMES
JUSTEMENT DIFFÉRENTS,
AFIN DE COMPRENDRE
QUE NOUS AVONS BESOIN
LES UNS DES AUTRES.

Desmond Tutu

**PROFITEZ UN MAXIMUM
DE LA VIE.**

**AIMEZ, MÉDITEZ,
AMUSEZ-VOUS,
APPRÉCIEZ LA BEAUTÉ,
LA RICHESSE DE CE MONDE,
LA CHANCE D'ÊTRE EN VIE.**

**TRANSFORMEZ
LE QUOTIDIEN EN SACRÉ,
FAITES DE LA TERRE
UN PARADIS.**

Osho

Ne soyons pas
ÉCONOMES
de notre amour,
de nos gestes,
de nos mots.

Souvenons-nous
que l'on n'aime
JAMAIS TROP.

Catherine Rambert

Agissez toujours
comme s'il était
IMPOSSIBLE
D'ÉCHOUER.

Winston Churchill

Si au lieu
de faire ce qu'il faut,
on faisait
pour une fois
ce qui nous rend
Heureux.

Chaque fois
que tu veux
connaître le fond
d'une chose,

confis-la au temps.

Sénèque

Le VOYAGE
comme l'AMOUR,
représente
une tentative
pour transformer
un RÊVE
en RÉALITÉ.

Alain de Botton

Se considérer
comme un être
au potentiel infini,
est sûrement
la meilleure vision
que l'on puisse avoir
de soi-même.

Nassim Haramein

rejoignez ceux
qui CHANTENT des chansons,
qui racontent des histoires,
qui aiment la vie
car le BONHEUR
est contagieux,

rejoignez ceux
qui marchent la tête haute,
même lorsqu'ils ont
des larmes dans les yeux,
évitez ceux qui ne versent
jamais de larmes.

Paulo Coelho

Je m'aime
dans toutes
les expériences
que je traverse
et tout va bien.

Louise L.Hay

Le moment
le plus IMPORTANT de ma vie
c'est le PRÉSENT.

L'être le plus IMPORTANT
est celui qui se trouve
en face de moi
à ce moment-là.

Et l'acte
le plus IMPORTANT
c'est L'AMOUR.

Maitre Eckhart

Quelles que soient
les épreuves
à traverser dans la vie,
il ne faut jamais
renoncer à vivre,
il faut avancer.

La vie réserve
tellement de surprises.

Il faut donc
lui faire confiance,
être dans la vie
et du côté de la vie.

Agnès Ledig

La tendresse

est un

concentré silencieux

d'amour.

Jean Castaldi

Chaque jour
est
à lui seul
une vie.

Sénèque

Essaie de devenir ce que tu VEUX plutôt que de devenir ce qu'ils veulent que tu SOIS.

Bob Marley

L'avenir

n'est pas

ce qui va arriver

mais ce que

nous allons en faire.

Henri Bergson

Soyez sauvages,

fous et

ivres d'amour.

Si vous êtes trop prudents,

l'amour ne saura pas

vous trouver.

Rumi

Tu n'existes pas pour impressionner le monde.

Tu existes pour vivre ta vie d'une façon qui fera ton bonheur.

Richard Bach

Les choses arrivent

à qui est

disponible pour

LES VIVRE,

LES ENTENDRE

OU LES VOIR.

Jacques Higelin

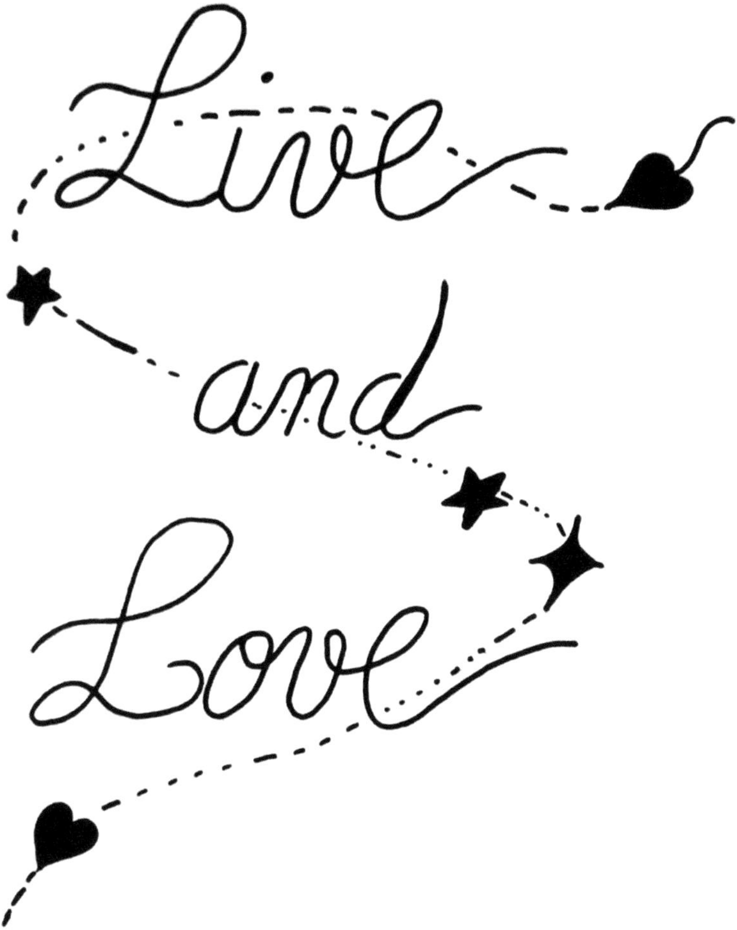
Live
and
Love

Si tu pouvais

lire dans mon cœur,

tu verrais

la place

où je t'ai mise.

Gustave Flaubert

La

MEILLEURE

façon

de prédire

l'AVENIR

est de

le Créer.

Ce que j'ai AIMÉ
le plus au monde,
je crois que
c'était LA VIE.

Jean d'Ormesson

Il existe
des procédés magiques
qui suppriment les distances
de l'espace et du temps,

les émotions.

Simone Beauvoir

Le rêve
est la vraie
victoire
sur le temps.

Jean-Claude Carrière

Mais je te dis ceci :
aime, aime, aime
les choses
que tu désires,
car ton amour
pour elles
les attire vers toi.

Neale Donald Walsh

Tu connaîtras

la JUSTESSE

de ton chemin

à ce qu'il t'aura

rendu HEUREUX.

Aristote

Le BONHEUR
vient
de l'ATTENTION
aux
petites choses.

Liu Hang

Soyez le *vivant de la vie,*
ne cherchez pas
d'autres richesses que celles
de *l'amour à donner*
et *à recevoir.*

N'allez en quête
que du *meilleur de vous-même.*
Osez, osez,
car le possible
est toujours un tout petit pas…
après l'impossible.

Jacques Salomé

Si l'on n'a pas connu
L'AMITIÉ d'un animal,
la COMPLICITÉ sincère
qui nous lie à ce frère
du monde vivant,
alors je crains que
nous ayons manqué l'une
des plus belles aventures
qui nous soit donnée
de CONNAÎTRE
sur cette terre.

Guillaume Prevel

La mère

est une divinité,

le père

est un trésor.

Proverbe Indien

Le privilège

de toute une vie

c'est d'être

ce que tu es.

Joseph Campbell

FAITES LE PREMIER PAS
AVEC FOI.

IL N'EST PAS NÉCESSAIRE
DE VOIR L'INTÉGRALITÉ
DU CHEMIN.

FAITES JUSTE
LE PREMIER PAS.

Martin Luther King

Aujourd'hui, quelque part,
un trésor vous attend.

Ce peut être un petit sourire,
ce peut être une grande conquête,
peu importe.

La vie est faite
de petits et grands miracles.

Rien n'est ennuyeux,
car tout change constamment.

L'ennui n'est pas dans le monde,
mais dans la manière
dont nous voyons le monde.

Paulo Coehlo

Le BONHEUR
est la seule chose
qui se double
si on le PARTAGE.

Albert Schweitzer

La seule

CHOSE IMPORTANTE,

quand nous partirons,

ce sera

LES TRACES D'AMOUR

QUE NOUS

AURONS LAISSÉES.

Albert Schweitzer

Lorsque tu inspires,
aime-toi.

Lorsque tu expires,
aime
tous les êtres vivants.

Dalai-Lama

La gentillesse est la noblesse de l'intelligence.

Jacques Weber

Ne laisse entrer
dans le jardin de ta vie
que ceux qui ont
des fleurs à planter.

Mazouz Hacène

Je vous souhaite d'avoir le cœur rempli de ce qui ne peut être décrit, et de ce qui se vit.

Léo Ferré

CHaQUe JOUr
est un jour de plus
pour aimer,

un jour de plus
pour rêver,

un jour de plus
pour vivre.

Padre Pio

Ce n'est pas le bonheur
qui nous remplit
de gratitude,
c'est la gratitude
qui nous remplit
de bonheur.

David Steindl-Rast

Ne demandez pas à vos enfants
de vivre des vies extraordinaires.

Ce qui peut sembler extraordinaire
conduit à la folie.

Aidez-les plutôt à trouver
le merveilleux dans la vie ordinaire.

Montrez-leur la joie
de savourer les tomates,
les pommes et les poires.

Montrez-leur comment pleurer
lorsque leurs animaux,
les membres de leur famille
et leurs amis meurent.

Montrez-leur le plaisir infini
de toucher une main.

Donnez vie à l'ordinaire pour eux.

L'extraordinaire
peut s'occuper de lui-même.

Gregg Braden

Il n'y a
pas d'autres
attentes
que de vivre.

Christian Bodin

Rire,

c'est

plonger

CORPS

et

ÂME

en pleine

existence.

Alexandre Jollien

Eprouver de la JOIE
transforme
notre vision
du monde.

La JOIE
est un pouvoir.

Cultivez-la.

Dalai-Lama

Dans la vie,

ce qui importe

ce n'est pas

d'où tu viens,

ni où tu vas,

mais si tu réussis

à être heureux

en chemin.

Anonyme

La joie est prière,

La joie est force,

La joie est amour,

La joie est

un filet d'amour

avec lequel

on peut

attraper des âmes.

Mère Teresa

Je suis arrivée

à l'âge heureux

où l'on peut aimer

que les gens

qui vous font du bien.

Françoise Sagan

Sois heureux aujourd'hui !

Ne parle pas d'hier.

Omar Khayyam

On a dû
te dire
qu'il fallait
RÉUSSIR
dans la vie.

Moi je te dis
qu'il faut
VIVRE,
c'est la plus grande
RÉUSSITE
du monde.

Jean Giono

C'est
si peu
de choses
et pourtant
si intense
une vie.

Andrée Chedid

Il n'y a point
de chemin
vers le bonheur.

Le bonheur,
c'est
le chemin.

Lao-Tseu

L'être humain
à des besoins fondamentaux :
du calme, de la lenteur,
du repos et de la continuité.

Notre époque nous prive
de tout cela.

Plus une société est speed,
plus il faut donner
à notre cerveau
des temps de pause !
Il ne s'agit pas de partir
vivre dans un monastère.

Il s'agit d'équilibrer.

C'est la clé.

Christophe André

Voulez-vous connaître
le plus beau compliment
qu'il m'ait été donné
de recevoir ?

Il est comme le murmure
d'une source vive,
et incite à respirer fort
comme l'on fait au contact
d'un air de haute attitude.

Il dit : « Merci d'exister »
mieux qu'un compliment,
c'est un débordement d'amour.

François Garagnon

Les hasards
de notre vie
nous ressemblent.

Eric Tricolet

PEU IMPORTE
SI VOUS ÊTES
UNE ROSE, UN LOTUS
OU UNE MARGUERITE.

L'IMPORTANT
EST DE FLEURIR.

Osho

Peut-être que

le plus IMPORTANT

n'est pas l'amour,

mais la PERSONNE

qui nous

APPREND À AIMER.

Cyril Massarotto

N'ayez jamais peur
de LA VIE,
n'ayez jamais peur
de L'AVENTURE,
faites confiance
au hasard, à la chance,
à la destinée.

Partez, allez conquérir
d'autres ESPACES,
d'autres ESPÉRANCES.

Le reste vous sera donné
de surcroît.

Henri de Monfreid

Sans rien

avec quoi

vous comparer,

n'êtes–vous pas

parfait ?

Byron Katie

Tout acte d'amour
est une œuvre
de paix.

Sa grandeur
ou sa petitesse
importe peu.

Mère Térésa

En vieillissant, vous réalisez
que personne ni rien
ne sera jamais parfait.
Plus tôt vous vous en rendez compte
et acceptez le fait
que les imperfections sont réellement
ce qui rend la vie belle,
plus vous développerez
une appréciation
de ces imperfections.

Leonard Cohen

Se pourrait-il

que chaque être humain

sur cette terre

soit en train

de faire du mieux qu'il peut,

tout comme toi ?

Byron Katie

Que rien ne te trouble,

que rien ne t´ effraie.

Tout passe.

Thérèse d'Avila

Donne
à chaque jour
la chance de devenir
le plus beau jour
de ta vie.

Mark Twain

Le PRINTEMPS
devrait nous faire
COMPRENDRE
une bonne fois
pour toutes
que RIEN
N'EST JAMAIS PERDU.

Sylvain Teson

Les gens qui ont
une attitude positive
sont plus chanceux et heureux
que les autres,
parce qu'ils attirent
les circonstances favorables,
parce qu'ils voient
les opportunités et les saisissent,
parce qu'ils mettent en œuvre
leurs rêves avec détermination
et cela, au quotidien.

Melki Rish

L'Univers n'est pas là
pour vous punir
ou vous bénir.

L'Univers répond
à l'attitude vibrationnelle
que vous émettez.

Plus vous êtes joyeux,
plus le flux de bien-être
vient à vous.

Abraham Hicks

Chaque

LUMIÈRE

qui brille

est une

part d'ombre

qui

cède.

Brigitte Pietrzak

Le Divin
ne doit pas être enfermé
dans un monument.

Le Divin
doit être laissé en liberté :
il est juste ici
dans chaque individu.

Chacun d'entre nous
est un univers en miniature,
un sanctuaire vivant.

Morihei Ueshiba

arrêtez D'avoir Peur

De ce qui Pourrait

MaL se Passer

eT coMMencer à être excité

Par ce qui Pourrait Bien se Passer.

Tony Robbins

Je suis né

et

c'est tout

ce qui est nécessaire

pour être Heureux.

Albert Einstein

Va prendre tes leçons dans la nature, c'est là qu'est notre futur.

Léonard de Vinci

Ceux qui mettent

du SOLEIL

dans la vie des autres

en sont INONDÉS.

James Barrie

Tous les moments
sont chers
à qui connaît
le prix du temps.

Gabriel Girard

Profitez de chaque petites choses
que la vie met sur votre chemin.

Les couchers de soleil,
les repas de famille,
les sorties entre amis, les voyages,
les appels téléphoniques,
les rires, les câlins.

Chaque jour est un jour
qui ne reviendra jamais,
alors vivez-le comme si c'était
le premier jour de votre vie.
Vous avez cette *chance-là,*
de ressentir, de voir, de vivre.
Profitez de tout,
vous ne savez jamais
combien de temps vous les aurez
et combien cela va durer.

Anais Lary

Quand une multitude
de petites gens
dans une multitude
de petits lieux
changent
une multitude
de petites choses,
ils peuvent changer
la face du monde.

Erich Fried

L'enthousiasme possède
une fréquence énergétique élevée
qui entre en résonnance
avec le pouvoir créatif
de l'univers.

Eckhart Tolle

VOUS POSSÉDEZ

La FORCE DE L'UNIVERS

à L'INTÉRIEUR DE VOUS

ET VOUS AVEZ La CAPACITÉ

DE SURPASSER

TOUTES LES ÉPREUVES

DE La VIE.

Nassim Haramein

Je regarde
la nature.

J'écoute
les oiseaux.

Je suis riche !

Plus
tu deviens
CALME,
plus
tu es capable
d'ENTENDRE.

Rumi

Sur le chemin
de la vie,
sois Doux
lorsque
tu t'accompagnes.

Régis Carlo

Prenez soin
de ce qui *pousse*
dans votre esprit.

Faites-y *prospérer*
tout ce qui contribue
à la *paix*, à *l'unité*, à la *beauté*.

C'est vous le semeur.

François Garagnon

Dîtes donc,

vous ne seriez pas

SUBLIMES

aujourd'hui ?

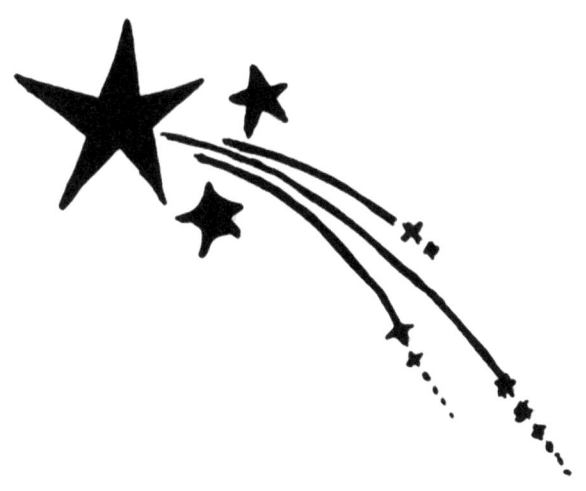

On rêve trop souvent
les yeux fermés,
il faut plutôt rêver
les yeux ouverts.

Mike Horn

Certains moments ont un goût d'ÉTERNITÉ.

Marc Levy

C'est l'égo incontrôlé

qui rend ce monde

problématique.

Un peu plus

de compréhension

et de compassion

peuvent apporter

beaucoup de changements.

Amma

Parce que

vous êtes en vie,

tout est possible.

Thich Nhat Hanh

ON N'A PAS LE TEMPS,

SI BRÈVE EST LA VIE.

ON A QUE LE TEMPS

POUR AIMER

ET PAS UN INSTANT

DE PLUS.

Mark Twain

Il ne faut pas avoir peur du bonheur, c'est juste un bon moment à passer.

Romain Gary

La SIMPLICITÉ,

c'est faire

le choix ferme

de ne pas

se remplir

de ce

qui nous vide.

Régis Carlo

Il y a très peu de gens
qui ont
cette capacité
de posséder
un *don d'amour.*

C'est-à-dire
quelque chose de l'ordre
de l'attention, de l'écoute,
de l'acceptation inconditionnelle
à donner à l'autre,
sans contrepartie.

Jacques Salomé

J'aurai toujours
aimé la mer.

Elle aura toujours
tout apaisé
en moi.

Albert Camus

La vie est courte.

Elle est un peu absurde
parce que l'on ne sait pas
d'où on vient et on ne sait pas
quand elle se terminera.

Alors il faut tout donner
pour essayer de vivre une vie
qui ressemble à ses rêves.

Sylvain Tesson

Il n'y a rien
à craindre
quand tu fais
CONFIANCE
au déroulement
de la vie.
Quoi qu'il se présente,
tu réponds
comme ça vient.

Jac O'Keeffe

Calme les eaux
de ton esprits,
et l'univers
et les étoiles
seront reflétés
dans ton âme.

Rumi

La Beauté
Qui sauvera le monde,
C'est la générosité,
le partage,
la compassion,
toutes ces valeurs
Qui amènent
à une énergie fabuleuse
Qui est celle de l'amour.

Pierre Rabhi

L'*ENFANT*

qui éprouve

un *amour fort*

pour son entourage et

toutes les créatures vivantes,

qui découvre *la joie*

et *l'enthousiasme*

dans ses activités,

nous donne

des *raisons d'espérer*

que l'humanité

va pouvoir *s'orienter*

DANS UNE NOUVELLE DIRECTION.

Maria Montessori

Aujourd'hui
j'ai rendez-vous
avec
le bonheur !

Si vous ne savez pas
quoi vous mettre
aujourd'hui,

Portez

de l'AMOUR...

Ça va avec tout.

On peut
mesurer
la MAGIE
d'une PRÉSENCE
à ce qui disparaît
avec elle.

Alice Ferney

*Pardonner
signifie libérer
un prisonnier
et découvrir
que ce prisonnier
était toi.*

Padre Pia

S'il y a

de la *MUSIQUE*

dans ton âme,

elle s'écoutera

dans tout

l'*UNIVERS*.

Lao Tseu

Je vous souhaite
d'avoir
le CŒUR rempli
de ce qui
ne peut être décrit,
et de ce qui
se VIT.

Léo Ferré

Une des plus belles choses
dans la vie,
c'est de trouver quelqu'un
qui peut vous comprendre,
sans avoir
à donner d'explications.

Khalid Gibran

QUAND LE CIEL

VEUT

SAUVER UN HOMME,

IL LUI ENVOIE

DE L'AMOUR.

Lao Tseu

La vie
est si courte,
on devrait juste
s'aimer.

Félix Leclerc

Au lieu de courir

devant le monde,

danse

avec lui.

Et vis.

Tigran Shaman

Ce qui COMPTE,
ce n'est pas
ce que l'on donne,
mais L'AMOUR
avec lequel
on donne.

Mère Teresa

Le silence est essentiel.

Nous avons besoin de *silence,*
autant que
nous avons besoin *d'air,*
autant que les plantes
ont besoin de *lumière.*

Si nos esprits sont bondés
de mots et de pensées,
il n'y a pas de place
pour nous.

Thich Nhat Hanh

Ce qui
t'est destiné
trouvera toujours
le moyen
de te rejoindre.

Bouddha

De temps
en temps,
il est bon
de faire une pause
dans notre quête
du bonheur
et d'être simplement
HEUREUX.

Guillaume Apollinaire

La *beauté de la vie*
est partout
autour de toi.
Ouvre les yeux
et découvre-la,
absorbe-la,
apprécie-la,
reflète-la
et
FAIS-EN PARTIE.

Eileen Caddy

-Winnie, quel jour sommes-nous ?

-On est aujourd'hui !

-Ha, tant mieux. C'est mon jour préféré !

Trouvez
les personnes
qui illumineront
votre chemin.

Ignorez
ceux qui vous rendent
effrayés et tristes.

Mettez
votre vie en feu.

Cherchez ceux
qui attiseront les flammes.

Rumi

Tu as été créé
pour vivre pleinement
la vie,
pas pour la vivre
à moitié.

Khalil Gibran

L'Etat d'esprit
qui facilité la vie
est de remplir
l'énergie autour de soi
du contentement
d'être soi.

Quand tu dégages
la joie d'être toi,
tu deviens irrésistible
à tous points de vue.

Franck Lopvet

Nous sommes tous
ICI ET MAINTENANT
pour une visite.

Nous ne sommes
que de passage.

Nous sommes venus
OBSERVER, APPRENDRE,
GRANDIR, AIMER
PUIS RETOURNER
d'où nous venons.

Sagesse aborigène

EMBRASSE
ta destinée
le mieux
que tu pourras,
à chaque instant,
chaque pensées,
pour toute ACTION,
toute ÉMOTION...

Tigran

Trilogie Shaman

Loi n°49-956 du 16 juillet 1949 sur les
publications destinées à la jeunesse, modifiée par
la loi n°2011-525 du 17 mai 2011.

© 2023 Géraldine Deriol
Édition : BoD - Books on Demand, info@bod.fr
Impression : BoD - Books on Demand, In de
Tarpen 42, Norderstedt (Allemagne)
Impression à la demande
ISBN : 978-2-3224-9961-8
Dépôt légal : Décembre 2023